AF599904

SANTIAGO A. LÓPEZ NAVIA

DESLINDES

SANTIAGO A. LÓPEZ NAVIA

DESLINDES

Prólogo
CÉSAR RODRÍGUEZ DE SEPÚLVEDA

HUERGA & FIERRO editores

Diseño de Colección: Huerga y Fierro

Primera edición: 2025

C/Sebastián Herrera, 9
28012 Madrid-España
Telf.: 91 467 63 61
www.huergayfierro.com
huerga@huergayfierro.com

I.S.B.N.: 979-13-990442-9-4
Depósito Legal: M-12427-2025
Impreso en Romadac Industria del Libro
Impreso en España/Printed and made in Spain

Prólogo

Deslindes. *El título no solo evoca la existencia de una línea divisoria, sino la operación, necesaria, de señalar su localización precisa. Deslindar no es, a fin de cuentas, sino tomar conciencia de que existen límites, aceptarlos y actuar en consecuencia. Sabernos limitados produce inevitablemente melancolía, pero puede ser también —lo es en este libro de Santiago A. López Navia— una invitación a vivir intensamente en el territorio que tras el deslinde queda determinado como irrenunciablemente nuestro. Hablamos aquí —habla aquí el poeta— no tanto del espacio como del tiempo. La linde que el poeta está pisando en este libro es la que marca la entrada en el manriqueño «arrabal de senectud»: es el momento, entonces, de inventariar, de hacer balance, de resignarse estoicamente a despedirse de lo que se tuvo, pero también de hacer acopio de energía para afrontar, con fuerzas renacidas, la última etapa del camino.*

El tópico clásico del iter vitae, *el camino de la vida, comparece a menudo en los versos de este libro, especialmente en su tercera parte, muy significativamente titulada «Inventario». «Vivir es caminar», se dice en el poema que abre esta sección. El poeta es, literal y figuradamente, un caminante que cumplimenta un itinerario. Cobra renovado vigor el tópico porque se adivinan tras él las caminatas solitarias por el monte, propicias a la reflexión y a los momentos de epifanía, de comunión misteriosa con la naturaleza: los milagros de la primera amapola de marzo o de la última mariposa de noviembre.*

Este caminar del poeta tiene siempre porte clásico y casi siempre un ritmo endecasílabo. López Navia es un maestro del soneto, como ha acreditado a lo largo de toda su trayectoria: aquí los hay espléndidos, más ortodoxos y menos (léanse, por citar un par de ejemplos, el quinto de los poemas de «Agenda» y, ya en la segunda sección del libro, «Fénix y salamandra»). También cultiva con excelentes resultados la octava real. Recurre en algún poema a la más discreta y leve rima asonante. Sin embargo, es más frecuente en este libro reflexivo y andariego el endecasílabo blanco, con el que alcanza la expresión poética una rara transparencia en que se aúnan la clásica elegancia y la sinceridad confesional. El lector descubrirá con deleite la serenidad casi renacentista que a los poemas de López Navia aporta esta sabia regularidad rítmica. Verso es que brota, como diría Machado, «de manantial sereno».

Si buscamos, en el archipiélago de la obra anterior de este poeta, tan abundante en ínsulas extrañas, precedentes para este Deslindes, *los hallaremos sobre todo en sus libros de tono más confesional, como* Arte nuevo *(2013) o* 25-33 *(2022), aunque su otra gran vena poética, la burlesca, no esté del todo ausente y aflore a veces con humorística ternura, como en el delicioso soneto anacreóntico «Planto por un bote de mermelada», o con devastadora ironía («Agenda VI»). La ironía, no obstante, es un arma que el poeta suele apuntar contra sí mismo, con resignada amargura: piezas maestras son, esta línea, poemas como «Tratamiento. Receta. Posología», «Allá tú» o «Sabiduría popular», todos de la segunda sección del libro.*

Porque este es, como acaso el lector ya habrá deducido, y como tendrá ocasión de comprobar en sus páginas, un libro fundamentalmente introspectivo. «Conócete a ti mismo», reza el precepto délfico: minuciosamente lo obedece en su libro López Navia. Unas veces el yo *poético habla en primera persona; otras, desdoblado, dialoga consigo mismo utilizando la segunda. Ya lo escribió Machado: «converso con el hombre que siempre va conmigo». Con esa sombra fiel comparte y comenta el poeta cada etapa y cada descubrimiento a lo largo del camino.*

Hemos citado a Manrique y a Machado: no es casualidad. Aunque no son los únicos caminantes con los que podemos topar en estas páginas. También deambulan por los senderos de este libro, embozados o con el rostro descubierto, otros poetas. Resuenan por estos caminos, por ejemplo, los pasos de William Wordsworth o del aguerrido montañero Miguel d'Ors. Y de otros muchos.

Tiene el libro de balance/inventario, como decíamos antes, y tiene de agenda, de propuesta para el futuro. Deslindar es distinguir con serenidad aquello de lo que solo cabe despedirse —con la satisfacción, eso sí, de haberlo disfrutado— de aquello que aún puede tenerse y gozarse en plenitud. Es, siendo consciente de la propia vulnerabilidad, proveerse de ánimo y de pertrechos para continuar el camino.

La primera parte del libro, «Agenda», escoge como emblemas dos de las criaturas del bestiario que mejor expresan el renacimiento vital: la mítica salamandra, cuyo hogar es el fuego, y el ave Fénix, que resurge de sus cenizas. Se impone la necesidad de empezar de nuevo, y esta vez con alguna que otra lección aprendida: por ejemplo, la tan bien expresada en «Agenda IX», que todos deberíamos seguir. La segunda parte, «Tratamiento. Receta. Posología», es más propicia al humor y a la ironía, sin dejar el tono reflexivo característico del libro; caben también en ella la enérgica protesta ante la injusticia («I can't breathe») y la meditación sobre el misterio de la creación poética (qué revelador, a este respecto, el poema «Caza», en que se le da muy atinadamente la vuelta a un tópico).

«Inventario», la tercera parte, es el verdadero corazón de la obra. Aquí se hace balance de lo vivido, no se renuncia al pasado («Réplica») y se abre el caminar de la vida a la trascendencia («Memoria del viento», «Hora en plenitud»). Aquí están, a mi modo de ver, algunos de los poemas más serenos y más bellos de este poemario lleno de poemas bellos y serenos. Y de una sensibilidad exquisita, digna de Wordsworth, hacia el mundo natural: la luz, el canto de los pájaros, el vuelo de una mariposa, el florecer de una amapola. Aquí el poeta, desde su resignado es-

toicismo, nos invita a gozar de los instantes que la vida sigue regalando al que camina, incluso aunque haya traspasado ciertas lindes. La vida, pese a todo: «la luz, que no se rinde».

En el último tramo del libro comparece un viejo amigo del poeta, uno de sus más antiguos heterónimos: Antero Freire, el maestro de Jacobo Sadness. «Las tentaciones de Antero Freire» son, entre bromas y veras, una pintura alegórica que podría haber firmado el Bosco: el sabio estoico es asaltado en su retiro por siete demonios, cada uno de los cuales lo tienta con uno de los pecados capitales. Para todos tiene respuesta sutil el eremita: jocunda a veces, siempre sabia.

Me dejo en el metafórico tintero muchas de las impresiones y reflexiones que me ha suscitado este libro, rico en amenidades y enseñanzas. Pero no ha de ser un prólogo prolijo ni enfadoso ni anticipar torpemente lo que ha de verse después mucho mejor desarrollado. Cumple, creo, con encomiar los bellos parajes que aguardan al lector y urgirle a que emprenda pronto el viaje.

Suena el despertador. Comienza a filtrarse por las persianas la luz. Pronto amanecerá. Es hora de ponerse en camino.

César Rodríguez de Sepúlveda

A José Miguel Junco Ezquerra,
en la fraternidad de la poesía

DESLINDES

Vivir quiero conmigo.
FRAY LUIS DE LEÓN

Le vent se lève!... Il faut tenter de vivre!
PAUL VALÉRY

Aprende a danzar al filo del abismo,
la caída es un beso dulce del relámpago.
IZARA BATRES

Agenda

Agenda I

Como desde un lugar ajeno al mundo
suena el despertador. No abres los ojos.
Te hace falta entender que estás despierto,
que has vuelto a ti. "Recuerde el alma —piensas—
dormida".
Poco a poco los sentidos
te van trazando un mapa de evidencias
con un pincel de luz desdibujada,
aún hecha de farolas, que se filtra
callada, clandestina, en la persiana.

Ya solo te hace falta un movimiento
para dejar por fin atrás la noche:
vas apartando el edredón, las sábanas,
que te acogieron antes como un cálido
claustro materno apenas unas horas
y en pie sobre la alfombra recuperas
la verticalidad abandonada
desde que te fundiste, como en fuga,
con los dominios sordos del silencio.

Das unos pasos, abres la ventana
y el aire confidente te reporta
el aullido lejano, interminable,
que emite la ciudad cuando te cuenta
las heridas abiertas de su historia.

Miras en torno a ti, vas recobrando
muy torpemente, muy despacio, casi
sin darte cuenta, el foco de las cosas,
la lucidez aún lenta, aún en letargo.

Miras en torno a ti, respiras, sientes
(piloto frágil, inexperto, al mando
del incierto timón de la mañana)
que todo está en su sitio un día más.

Agenda II

It matters not how strait the gate.
W. E. Henley

Primero el corazón con sus dominios,
con la gasa sutil de su textura
donde busca el dolor hacer su nido
extendiendo su imperio en las arterias.

En segundo lugar, el corazón,
donde quiere imponer su tiranía
el desengaño, donde la derrota
pretende reclamar todos sus fueros.

Después el corazón, sin duda alguna,
quizás alegre al fin, quizá curado
con las lañas amables del olvido,
con la sutura mágica del tiempo.

Y el corazón por fin, ya sin cadenas,
capaz, sencillo, renovado, libre,
dueño total de todo su horizonte,
explorador seguro de su ruta.

Agenda III

O joy! That in our embers
Is something that doth live.
WILLIAM WORDSWORTH

Fiammetta, tu sai.

Uno de enero. Viernes. El sol besa
las aceras heladas.

La promesa de luz que lleva el este
se va haciendo mañana.

Es pronto. La ciudad duerme en silencio
su sueño de resaca

y las calles se entregan al letargo.
Apenas nadie pasa.

No sé muy bien por qué, pero presiento
un eco, una llamada.

No sé muy bien por qué, pero parece
que el sol que se levanta

se convierte en hoguera y me propone
que me rinda a su fragua.

Nada puedo perder. Me entrego todo,
el fuego me traspasa

y siento que su lengua quiere hacerse
el centro de mi alma.

Tal vez pueda buscarme y renacerme
fundido entre sus llamas.

Tal vez, igual que el fénix, de sí mismo
mi corazón renazca

y broten otra vez de las cenizas
mis plumas y mis alas.

Agenda IV

Hermoso, sí, de pronto, sin saberlo,
dejarse ir, caer, ser arrastrado.
José Ángel Valente

Ya sé que no soy nada original,
pero entended que me pregunte ahora
qué quedará de mí, de lo que he sido
(si puedo suponer que he sido alguien).

No me responde el aire que acaricia
el agua en la laguna o la retama,
ni la sal derramada en sus cristales
que trenza sus cenefas en la orilla,
ni la respuesta está, por más que insista,
en esa algarabía que en los árboles
disparan las cigarras con sus élitros.

No importa la respuesta; solo importa
acomodarse al paso de las horas,
al tránsito sin treguas que es el tiempo,
a la sorpresa siempre agazapada
detrás de alguna esquina de la noche.
Y saldar, si es posible, mientras tanto
las deudas anotadas al detalle
en las actas que archiva la memoria,
y pagar mientras tanto, si es posible,
los portazgos que los años imponen,
los diezmos, las gabelas, los peajes,
y alguna vez, incluso, la mordida
que se cobra el dolor en sus asaltos.

Agenda V
(Adagio)

Hay que ser un incendio...
Pero nadie lo sabe...
IZARA BATRES

Llegados a este punto he cincelado
a fuego y en mi escudo una divisa:
me sostiene una fe libre, insumisa,
que apuntala mi lar desmoronado.

Llegados a este punto he levantado
una vela impulsada por la brisa.
No importa si no hay viento. Ya no hay prisa
y no me arredra el mar si está encrespado.

Llegados a este punto mi esperanza
se vuelve salamandra en cada hoguera.
Todo lo espero y poco me pregunto.

No importa el lastre ya. Mi nave avanza
mecida en la corriente de mi espera
y sigo en pie, llegados a este punto.

Agenda VI

(En la estela del "Programa" de Miguel d'Ors)

No ser a todas horas trascendente
entre tanto gurú despendolado.
Saberse una persona entre la gente.
No cobrarse el amor que se ha entregado.
Pensar que siempre es más inteligente
callar que sentar plaza de letrado.
No predicar en vano en los desiertos
y no apropiarse nunca de los muertos.

Agenda VII

Ahora es el momento de mi vida
en que quisiera
saber el nombre de todos los pájaros,
saber el nombre de todas las plantas;
reconocer
todos los minerales,
los árboles, las nubes,
y todos los aromas
que brotan de la tierra
estación a estación, año tras año.

No tengo otra ambición ahora que el tiempo
se bate poco a poco en retirada.

Tendré que resignarme
a no saber, al cabo, tantas cosas
que quedarán veladas en su sueño:
ese tesoro eterno del olvido.

Agenda VIII

Se hace más lento el paso en el regreso
aunque la retirada esté más cerca,
y va estrechando el cerco de los años
la alambrada tenaz de su cadena.

¿Con qué saber arcano de la alquimia
se mezclan la distancia y la inminencia?
¿Cómo mezclar en proporciones justas
en el crisol la prisa con la espera?
¿Con qué piedra filosofal las dudas
vuelven en certidumbre su materia?

No hay tiempo que perder y, sin embargo,
qué bien perder el tiempo sin urgencia.
El debe y el haber balanceados:
qué alarde matemático en las cuentas.

Si bien se mira, nada en el programa
tiene mucho que ver con la aritmética
y no se ajusta siempre a los compases
del pulso del reloj en tu muñeca.

Vivir: esa tarea inaplazable,
esa que siempre aplazas en tu agenda.

Agenda IX

Olvídate de todo unos instantes.
Aléjate un momento de tu centro.
Te sabes vulnerable y contingente,
así que poco más puedes hacer.
Aparta el foco ya de tus asuntos.
Déjate secuestrar por la mañana.
Confúndete mejor con los colores
que proclaman el triunfo del otoño.

Mira que los afanes que te impones,
esclavo de ti mismo, a fin de cuentas,
no desvíen tus ojos de las formas
cambiantes e improbables de las nubes,
ni aparten tus oídos de la historia
que te cuentan al paso los gorriones;
que no pasará nada si te ocupas
de esta misión urgente, improrrogable,
sobrevenida, ajena a tu programa;
que no se para el mundo si te paras
y hay mucho que no hacer de vez en cuando.

Tratamiento. Receta. Posología

I can't breathe

No puedes respirar. Una rodilla
te quita el aire y rompe tu garganta.
No puedes respirar. Nadie levanta
el cepo que te mata y te mancilla.

Tu cuello violentado se hace astilla.
Aguanta. Aguanta. Aguanta. Aguanta. Aguanta.
No puedes respirar. No puedes. ¡Cuánta
ceguera empuja al odio que te humilla!

Tu voz se va fundiendo en sombra fría.
Ya no le ves sentido a resistirte
y el grito en el aliento se te corta.

No puedes respirar y en tu agonía
no tienes más remedio que rendirte
sabiendo que al verdugo no le importa.

Fénix y salamandra

Volver a renacer desde mi hoguera
aprendiendo del fénix las lecciones.
Quebrar el curso de las estaciones
haciendo de un invierno primavera.

Hacerme salamandra y tras la espera
ver cómo se renuevan mis tendones
y mi alma abre la puerta a sus prisiones
y torna a remontar, firme y entera.

Que resista mi fe bajo las llamas.
Que mi esperanza se haga carne nueva
y no ceda el amor al sostenerme

y que las hojas vuelvan a mis ramas
brotando en mi plegaria que se eleva:
ser fénix, salamandra y renacerme.

Cuarteles de invierno

Ya no te afanes más. Sosiégate. Descansa.
Levántate el asedio. Firma la paz. Suscribe
un acuerdo tan amplio como se te permita
con tus propias entrañas (qué dura contraparte).
Revisa bien las cláusulas, no sea que descubras
que has querido engañarte tú mismo en un descuido
(si bien se mira, nadie puede ser tan artero,
tan infidente como puede ser uno mismo),
y cuando estés seguro, cuando las condiciones
no puedan ofrecerte ni recelos ni dudas,
retírate discreto, no importa si es agosto,
a la calma que guarda tus cuarteles de invierno
hasta que el beso suave de la primera nieve
te venga a recordar, por mucho que no quieras,
que te has ido quedando, batalla tras batalla,
diseminado a trozos por todos los caminos.

Tratamiento. Receta. Posología

Levántate. Lo has hecho muchas veces.
Si en algo eres perito es justo en esto,
recuperar la verticalidad,
recolocarte el alma dislocada
y sacudirte el polvo y aplicarte,
si es que el dolor persiste, si no cede,
emplastos empapados de paciencia.

Por lo demás, no caben variaciones
en la receta ni se esperan cambios
en la posología de costumbre:
resilientil en dosis de caballo,
intravenoso, tres veces al día,
y para reforzar el tratamiento
aguantoformo, mucho y a demanda.

Como a destiempo

Cuántas cosas suceden a destiempo
en el flujo inasible de las horas.
La vida se proyecta al horizonte
de sucesos de un agujero negro.
El tiempo se desquicia y se dispara
mientras nos descubrimos vulnerables
tras el escudo de nuestras certezas.

Y yo, afanado siempre en mi deriva,
anclado en el estribo de mi fe,
braceo en la resaca del vacío
con el aire de Dios en mis pulmones.

Allá tú

Está claro: lo tuyo es estrellarte,
romperte una y mil veces las narices
(hay que reconocer que su cartílago
supera al hígado de Prometeo).

Tendría alguna gracia que empleases
un protector nasal, alguna máscara
para templar al menos el impacto.
Es lo que haría yo, es solo un consejo.
En fin, son tus narices. Allá tú.

Génesis

En el principio fue una hoja en blanco
en el letargo mudo de la noche.

Como si Dios hablase, de repente
quiso dictar sentencia la mañana:
hágase el verso, y el verso se hizo.

Bástele a cada día su palabra,
su nueva voz, su canto restañado.

Caza

No importa cuánto corras.
No importa cuánto puedas alejarte,
dónde te escondas, cómo te camufles.

Cuando él se lo proponga,
hábil, certero, leve, sutilísimo,
nimbado de silencio,
sin que la prisa nuble su asechanza,
te encontrará el poema.

Sabiduría popular

Ahora que voy teniendo algunos años,
llego a la conclusión de que no he sido
precisamente alumno aventajado
de la sabiduría popular.

Con mucha más frecuencia y entusiasmo
de lo recomendable, no he tenido
empacho en dar mi pan a perro ajeno.
Aunque el grajo volara a ras de tierra
no he dejado de perderme en el bosque,
e ingenuo y confiado algunas veces
no me he dado ni cuenta de que estaban
pelándole las barbas al vecino.
Nunca he entendido, vaya disparate,
eso de hacer llorar a quien se quiere
y he de reconocer que mi garganta
se ha quedado arrasada en el intento
de represar el agua sin saber
que no sería yo quien la bebiera.

También debo decir, y no haya duda,
que he tropezado hasta la humillación
y sin remedio con la misma piedra,
aunque estuviera puesta en otro sitio.
Y cuando con más gracia he resbalado
y me he roto la crisma una y mil veces
ha sido cuando he puesto los dos pies
en la piedra tintada en la verdina
del amor y el dolor, fieras siamesas
aún más allá del ripio de un bolero.

A mis ojeras

Señoras absolutas de mi cara,
señales ciertas del desasosiego,
carnet de identidad grabado a fuego,
mitad marca de amor, mitad escara,

como una credencial con que anunciara
la fe total de vida en que me entrego;
como el eco que queda tras un ruego
o un secreto que el tiempo no ocultara.

Cómplices de vigilias y desvelos
que no entienden de ocasos ni de auroras
en su afán de volar tras del enigma;

testigo amoratado de mis duelos
que el estilete agudo de las horas
convierte con su filo en un estigma.

Inventario

Inventario I

Comenzaba cerca
la senda que llevaba a las alturas
gratas. La libertad nos encendía.
Francisco Brines

Vivir es caminar breve jornada.
Francisco de Quevedo

Para Rafael Vara, que ya lo dijo antes:
"Éramos felices y no teníamos ni idea".

Me quedaré sediento de las rutas
que no recorreré y ya no me esperan,
pero en mi huella nómada, en mis botas,
en mi retina fiel de peregrino
llevo unas cuantas leguas anotadas
y una herencia de días y lugares:
las trochas, los canchales, las laderas,
el agua helada y limpia de los ríos,
los manantiales vírgenes, recónditos,
las placas invencibles de las cimas,
el azote del viento sobre un pico,
el beso confidente de una hoguera;
alguna vez también algún glaciar
que hoy solo es un fantasma de la nieve;
el vuelo amigo y noble de las águilas,
la lluvia, el sol, el hielo, la tormenta;
la calma y la fatiga repartidas
en los dominios breves de un macuto,
y ver amanecer entre la niebla
igual que un espejismo agazapado
entre la oscuridad y las legañas.

¿Qué más puedo pedir? Ya tengo todo
lo que un hombre pequeño necesita,
y una certeza férrea, incontestable
(y nadie espere aquí revelaciones
que ya no estén escritas o cantadas):
vivir es caminar, marcar un paso
fungible, frágil, torpe, perentorio,
volviendo la mirada a aquellos días
cuando éramos tan jóvenes, tan jóvenes
que hicimos nuestro el mundo que pisábamos
y el tiempo era un empeño de los otros
y fuimos tan felices sin saberlo.

Aquí

Repetición constante de lo mismo:
nacer, vivir, pasar.

Y haberte creído único.
JAVIER OLALDE

¿Quién habrá recorrido este camino
antes de que lo fuera? ¿Qué pisadas
habrán vencido a la tormenta, el barro,
o habrán perdido el norte entre la niebla?

¿Habrán reinado aquí estas mismas aves
que bendicen mi paso y me saludan,
estas flores abiertas, estos árboles,
el conejo curioso que se asoma
sin renunciar, prudente, a su refugio,
y estas dos mariposas que entrelazan
su vuelo blanco y frágil a mi lado?

Mi levedad total de caminante,
la impronta perentoria de mis plantas,
mi verticalidad, que se disuelve
al borde del barranco o en el filo
resbaladizo del acantilado,
son todas las certezas que me asisten,
y aún pesa, sin embargo, la pregunta:
si volveré a pisar este camino,
si habrá algo en él de mí cuando me vaya.

Nadie sabrá jamás que estuve aquí
y sé que es lo correcto, que no importa,
que el mundo ha de seguir ensimismado
en las derivas curvas de su rumbo
hasta que los caminos se terminen
y todo vuelva a ser un horizonte.

Primicia

Un año más, cuando declina marzo,
en un solar muy cerca de mi casa,
triunfante de los cardos y el escombro
proclama su victoria solitaria
la primera amapola.
                                        El equinoccio
no podría tener mejor heraldo.
Ajena al laberinto y el asedio
de la avena silvestre y las espigas,
se entrega a su canción, roja, pequeña,
seductora de nubes y de pájaros.

En unos meses (mayo, quizá junio
si las lluvias acuden en su auxilio)
no habrá constancia ya de su presencia
en su reino, tomado ahora al asalto
por los gazapos y los perdigones
inquietos, aún medrosos tras sus madres,
exploradores ávidos del mundo.

Si no hay nadie a mi lado me detengo,
me acerco y solicito su permiso
para estar a su lado, así, un momento,
testigo enamorado del milagro,
los dos a solas en romance mudo.

Tras dejar el registro del tesoro
en el archivo fiel de mi retina,
vuelvo al camino, y ya tan solo espero
que en un instante cómplice otro marzo
nos regale otra cita clandestina
y renovemos juntos la promesa
de ser amantes un minuto al año.

Sed

I

Declara la oropéndola su trémula llamada.
La acoge desvelado, sediento, en celo el río
que reclama a la lluvia su débito de amante
que no acude a su cita de cada primavera.

Algunas nubes mínimas en bandada dispersa
transcurren indolentes como quien disimula.
El cielo se resigna a vestirse de desierto.
Dueña de sus confines, un águila dibuja
una espiral de ceros que acabará en picado
fatal para su presa, que nada se barrunta.

El bosque se somete al asedio de la sed
y las flores resisten tenaces, verticales.
Todo está bien acaso y muy pronto la tormenta
reclamará sus fueros, tremenda, indomeñable,
y el agua cantará de nuevo su victoria.
Todo está bien acaso. Asciendo. Mediodía.

II

La trocha y el torrente son hoy la misma cosa
y ya no salta el agua sobre las piedras secas.
Hay una salamandra perdida que persigue
un humedal exento donde multiplicarse.
No puedo confortar su búsqueda imposible.
Prosigo mi camino pendiente de una rama
donde un pinzón sostiene su reino, canto y sombra.

Al menos en el cauce la noche ha derramado
a medias entre el viento y una lluvia finísima
una corriente blanca de pétalos de jara
que bendicen mi paso.
Desciendo.
Mediodía.

Planto por un bote de mermelada

A Silvia

Este frasco vacío que guardaba
su tesoro de azúcar en mi mesa
me fue siempre leal en la promesa
de amaneceres dulces que anunciaba.

El sueño de ambrosía que encerraba
me dio cada mañana una sorpresa,
dejando su caricia siempre impresa
si mi lengua impaciente lo buscaba.

Persiste su recuerdo cincelado
en la memoria cierta de mi suerte
con su breve consuelo almibarado,

y esta nada hecha vidrio ya me advierte
diciendo que mañana no me espera
su beso suave de jengibre y pera.

Sin báculo

Esta mañana, madre, al prepararme
para marcharme al bosque, he descubierto
que tu bastón no estaba en su lugar.
Me di cuenta muy tarde. Lo olvidé
al final del camino hace unos días
y no lo eché de menos a la vuelta.

Caminar empuñando tu bastón
era como ir asido de tu mano,
como si en su interior se atesoraran
tu voz y ese consuelo de tu abrazo
que tanto necesito algunas veces.
Entenderás, así, que hoy yo me sienta
más solo, madre, y aún mucho más huérfano.

Atrás quedan, en fin, tantos senderos,
tantas trochas cubiertas de retama,
tantas laderas y tantos canchales
hollados por mi paso y la contera
de tu bastón, tan leal como tú fuiste.

Tan solo espero ya que quien lo encuentre
asegure su ruta con tu guía,
y sé que, aunque no pueda comprenderlo,
podrá sentir la fuerza de tu mano
y la luz que convoca tu presencia.

Tres pájaros

Y los pájaros beben el agua sin mancharla.
GERARDO DIEGO

A Jorge Ouro, que lo hizo nacer

I. UN PÁJARO SE BAÑA EN UNA MANO

Un pájaro mínimo y leve
como un suspiro
se ha entregado al agua recogida
en el cuenco de una mano.

No recela. No duda.
Quizá siente el amor, la confianza.
Quizá tan solo cede, temerario,
a la urgencia del calor o de la sed
sin calcular el riesgo, sin esperar la celada.

Él solo se entrega
mínimo, frágil, hermosísimo,
a la mano manantial que lo acoge
abierta
mientras el mundo sigue su transcurso
ajeno a la belleza de sus plumas
mojadas,
sutiles,
tan pequeñas.

II. UN MIRLO CANTA

Ahora que nace marzo, cuando el alba
no ha roto aún el cerco de la noche,
muy cerca de mi casa, en algún árbol,
hay un mirlo que inicia con su *allegro*
la sinfonía de otra primavera.

Intento distinguirlo entre las ramas,
pero no puedo, no hay luz todavía.
No importa. No hace falta. El mirlo reina
sobre el silencio sin querer quebrarlo,
llamando desde el sueño con su diana
al mundo que despierta perezoso.

Aunque hace frío aún, yo permanezco
callado, atento en mi ventana abierta,
saboreando a solas la primicia
fugaz, hermosa, dulce, irrepetible
como el beso primero de un idilio.

La partitura leve de sus trinos
nada sabe de ardides ni conjuras
ni del mundo perdido en su deriva;
nada sabe del hambre o de las guerras
ni del azote inútil de la cólera.
Tal vez el mirlo ni siquiera piensa
en el oficio frágil de ser mirlo,
rendido y entregado a su romance
con la luz que reclama y ya presiente.

La ciudad se despierta poco a poco
con su rumor tejido entre motores
y los primeros pasos en la calle,
y el mirlo se resigna y su balada
mientras avanza el día va apagándose.

El mirlo sabe que al caer la tarde,
cuando la vida vuelva a ser silencio,
regresará a su trono hecho de ramas
y cantará otra vez, rey del crepúsculo.

III. OROPÉNDOLA

A mis sesenta y dos
años casi cumplidos he aprendido
a imitar torpemente a la oropéndola.

A fuerza de paciencia,
a fuerza de escucharla en los recónditos
dominios de sus ramas, escondida;
a fuerza de no verla sino en vuelo,
creo haber aprendido alguna frase
de su llamada breve
y me imagino
que mi torpe reclamo es el comienzo
de una conversación quizá imposible,
pues no puedo saber
qué significa lo que yo le digo
ni lo que ella me dice al contestarme.

Muy bien podría ser que me dijera
que no puedo ocupar su territorio
o que me confundiera, ardiendo en celo,
con una compañera de nidada.

Y mientras voy captando
los secretos matices de sus trinos,
me gusta imaginarme
que alguna vez me entiende,
que alguna vez podría yo entenderla
y luego merecer el privilegio
de ser su portavoz aventajado.

Y ya con ese mérito
seguro en mi *curriculum*,
fundirme en sus colores,
en su plumaje negro y amarillo
y ser por un momento una oropéndola
allí donde no lleguen
el vértigo del mundo, sus afanes;
allí donde no llegue sino un canto.

Proclamación de la luz

La luz, que no se rinde,
se filtra descifrando los matices
de un dédalo dormido de espadañas.

Hace solo un momento
la oscuridad tejía entre sus ramas
una gasa tupida como un nido
y donde ahora se yerguen los pendones
verdes y verticales de los juncos
la noche reclamaba sus derechos.

Que sea, pues, la luz la que proclame
la victoria callada de las cosas
y el día se derrame y se haga grito.

Réplica

Donde fuiste feliz alguna vez
no debieras volver jamás: el tiempo
habrá hecho sus destrozos, levantado
su muro fronterizo
contra el que la ilusión chocará estupefacta.
FÉLIX GRANDE

Desoye a quien te diga que no vuelvas
allí donde fuiste feliz un día.
No hagas caso, regresa y luego búscate,
porque aún sigues allí y ese es tu sitio.

Vuelve, sal a tu encuentro y cuéntate
todo lo que ha pasado desde entonces,
porque a pesar del vuelo de los años
eres tú mismo (acaso, sí, más viejo),
eres tú mismo, tu alma no ha mudado
ese plumón perenne de polluelo
que es toda tu armadura.
Y aquí estás,
haciéndote un acuario en la corriente
contigo, con quien fuiste, con quien eres,
con quien serás: un niño arrebatado
en el despiste mágico del agua,
en la memoria inmóvil de las cumbres
y el empeño invencible en esa búsqueda
feliz de un gamusino evanescente.

Vuelve, planta tu tienda, enciende el fuego.
Vuelve siempre al lugar en donde fuiste
feliz y espérate hasta que regreses
allí, porque aunque el tiempo incorregible
se empeñe en demostrarnos lo contrario,
persiste una arcangélica semilla
en el surco sin horas de la infancia
para aliviar el peso y la fatiga
en esa fortaleza inexpugnable
del pecho inquieto, virgen, anhelante
del niño que seremos.

Memoria del viento

El viento sale al paso esta mañana
en todos los senderos.
                                        Sabe el bosque
que algo quiere decir, porque los siglos
le han hecho ser intérprete infalible
de la muda elocuencia de sus ráfagas
que revelan lecciones olvidadas
de glaciares, de lluvias, de sequías
que no se estudian en las bibliotecas.

El viento siempre estuvo, siempre fue
este nudo irrompible de rugidos,
este cantar de gesta inacabado
que habla de héroes que nadie recuerda,
de astas, de aullidos, de alas, de rumores,
y de árboles y rocas y laderas,
y alguna vez quizá de un caminante
humilde, atento, mínimo, perdido,
que inclinando a su paso la cabeza
intuyó algún matiz de su balada.

Inventario II

Esta inquietud, este desasosiego,
este estado de alerta permanente
en el que habito, este llevar la guardia
constantemente alta, esta vigilia
a la que tantos miedos me convocan,
este sentirme tan desguarnecido,
tan roto y frágil bajo esta coraza
que ya es como un museo de fisuras
(por mucho que elogiéis su consistencia),
este homenaje a todos mis desvelos
que rinden mis ojeras a diario,
este pecho entregado a las mandíbulas
jamás saciadas de la incertidumbre,
este toque sin fin de zafarrancho,
este deseo urgente de que el sueño
ciegue mi lucidez algunas horas,
todo esto y más que renuncio a contaros
para no quebrantar vuestra paciencia,
todo esto es lo que soy. Sé que sabréis
perdonarme si he sido tan prolijo.

Todo esto es lo que soy, no una muralla,
ni roca inexpugnable o fortaleza,
aunque si pongo empeño, bien podría,
podría ser un vado, un cortafuegos
y un nido y una hoguera y un refugio.

Tendréis, de nuevo, pues, que perdonarme
si no doy más de mí, si alguna vez
me quedo descansando en la cuneta,
si no puedo seguir, si pierdo el brío.
Será solo un momento, estad seguros.
Será solo un momento, lo que tarde
en elevar, callado, mi plegaria
y en renovar la ofrenda que es mi vida:
mi voz, mi afán, mi amor, mi fe, mi búsqueda.

Últimas mañanas de agosto

Dicen en un rumor su despedida
estas mañanas últimas de agosto.
Su perfume en la brisa se decanta
impregnando la piel, casi empeñándose
en persistir, ajeno al calendario.

El pálpito del día se desliza
con un aire sutil, como a lo lejos,
vibrando en los afanes de los pájaros
que se adueñan del aire y se detienen
en el filo del aire y son el aire.
Algún hilo de luz se va adentrando,
pidiéndole permiso a la pradera
donde aún planta la sombra sus pendones.
Llega, de vez en cuando, acompasado,
un zureo escondido de palomas
que quieren disputarle sus dominios
a una bandada gris de rabilargos.

Qué don el despertar de estas mañanas,
estas mañanas últimas de agosto
en donde vibra cierta en su presencia
la certeza que anuncia cada cosa.

Hora en plenitud

Se estrena el otoño en un sol acolchado
y un río de brisas baña la ladera.
Proclama en el valle, roto por el celo,
su berrea el ciervo.
                                        ¿Qué me quiere el río
dejando a mi paso su rumor en fuga?

Va lanzando el día su asedio de luz,
Hora en plenitud, destello robado
al letargo ciego del musgo en la piedra.
Pálpito en las ramas, cascada de notas,
pentagrama al vuelo que dibuja el aire.

Me entrego asombrado, me declaro dueño,
aunque soy su esclavo, de esta epifanía.
No puedo pedir nada que no tenga,
nada que no sea todo mío ahora.

Dust in the wind

All we are is dust in the wind.
KERRY LIVGREN (Kansas)

Qué canto de quietud entona el valle.
Qué plegaria de verdes que se eleva
hacia una luz que no encuentra su sitio
en los deslindes grises de las nubes.
La suavidad del aire me acompaña,
mano a mano los dos, en la ladera
junto a la danza azul de algunas flores
que han resistido el asedio del barro.

Nadie podrá quitarme este momento,
este silencio en roca cincelado,
este saberme parte de una historia
que escribe el musgo a medias con la lluvia.
Nada me importa ahora que rubrique
el tiempo su sentencia. Yo ya sé
que fui, que soy y seré polvo en el viento.

Nadie podrá robarme, sabed, nadie,
este latido, nadie, este relámpago,
este momento casi hecho a destiempo.
Se apagará este mundo con mis ojos.
Mi vida no será y yo habré vivido.

Mariposa en noviembre

Qué milagro de vuelos amarillos
es esta mariposa de noviembre.
Sus alas se disputan el imperio
que enuncia el aire con las cogujadas
mientras la luz se crece hacia el cenit.

Qué danza sutilísima sostiene
su ingravidez, ajena hasta a sí misma,
ajena a la victoria que proclama,
mientras muere noviembre, su destello.

Dos evocaciones junto a unas ruinas al borde del camino

I

En estos muros rotos en donde todo un día
convocaba a la vida se abren paso las grietas
y al otro lado, adentro, las flores en desorden
han borrado los rastros de toda geometría
recuperando el reino que les robó la piedra.

Alguien amó algún día dentro de estas paredes
tomadas al asalto por las horas voraces;
alguien rezó quizás en su desesperanza
reclamando la tregua de la misericordia;
alguien se desveló con la anhelada urgencia
que espera en el abrazo del cuerpo deseado
o el viento en el que vuelan, con su canción de aullido,
la amenaza inefable, la soledad, la pena.

Y en este territorio tomado por la ausencia
donde anida el silencio de lo que ya no vive
alguien buscó el calor un día en el hogar
que ya nunca arderá, que ya no espera a nadie.

II

Sueña en el sol de enero hecha letargo
la espera inconsolable de las ruinas.
Su puerta abierta en piedra ya no es puerta.
El muro en su derrumbe se pregunta
qué fue de las ventanas, de las voces
que un día protegieron sus paredes;
qué fue del cascabel hecho de llaves
que solo los cerrojos distinguían;
qué fue de los latidos que convocan,
testigos pertinaces, los fantasmas
perdidos en un tiempo que no entienden,
en un lugar sin nombre que no importa.

Balance

Renuncia a demorarte en los detalles.
Quede para los otros el desglose.
Baste asentar, sin más, en tu cuaderno
(y ya lo has dicho antes, no lo olvides)
el debe y el haber proporcionados:
ganar, perder, vivir, haber vivido,
y no haya otro balance.
                                        No te importen
las inversiones, el lucro cesante,
la volatilidad de los mercados,
los réditos, los pingües beneficios,
y no haya otro balance, y suma y sigue.

Las tentaciones
del ermitaño Antero Freire

En su retiro en el Cerro de Cabezas Altas, el ermitaño Antero Freire es sometido a las tentaciones asociadas a los siete pecados capitales por los demonios que las representan

I. Soberbia

El demonio Lucifer invita a Antero Freire
a engreírse por su sabiduría

¿Y vienes a decirme que soy sabio,
que abandone esta ausencia y que deponga
este retiro, dices, y reclame
no sé bien qué lugar en no sé cuántas
absurdas jerarquías que no entiendo?

¿Y quieres convencerme desplegando
no sé cuántos sutiles argumentos
de que el mundo precisa de mi ciencia,
de que de nada sirve atesorar
tanto saber en estas soledades?

Qué fácil me resulta rebatirte.
Nego maiorem. ¿Quién puede ser sabio
en medio de tantísimos secretos?
La noche, el manto frío de la niebla;
el titilar callado de los astros;
el viento, la tormenta, la constancia
del paso de los evos en las rocas;
el pentagrama mudo que la nieve
convierte en sinfonía de silencio;
el galope imparable en la ladera
de todos los torrentes desbordados,
entre tantos arcanos que no alcanza
ningún saber, ninguna enciclopedia.

Prefiero estar atento a las lecciones
terribles y elocuentes de la tierra.
Prefiero florecer en la ignorancia
de todo lo que nunca entenderé.

II. Avaricia

El demonio Mammón insta a Antero Freire
a adueñarse del cerro de Cabezas Altas

¿Pero cómo se te ocurre sugerirme que me apropie
de este cerro en donde vivo? ¿Qué es eso de poner límites,
de marcar mi territorio, de levantar un vallado
y asegurar el perímetro con alambres espinosos?

Antes de que yo llegara, peregrino solitario,
a esta ladera vacía, deshabitada, indomable,
nada sabían de dueños los árboles ni las piedras
y de nadie eran las cosas que de nadie serán nunca,
y de nadie seguirán siendo cuando yo me vaya
sin dejar ninguna huella, porque no quise ser nadie.

III. Envidia

Antero Freire se sustrae a la tentación de la envidia
pese a las asechanzas del demonio Leviatán

De un bello actor me muestras la apostura,
de un rico mercader tantos tesoros,
y las tierras inmensas de los príncipes
cuyo poder no entiende de fronteras.

¿Y qué se me da a mí de la belleza
si no tengo un espejo en que mirarme?
¿Y qué de la riqueza si no atiendo
trueques ni transacciones comerciales
con nadie en este cerro sitibundo?

Con nadie me comparo, nada quiero
que ya no tenga. En nada a nadie envidio.
Me basta administrar el inventario
de los amaneceres, o el archivo
de los misterios que no se me alcanzan,
de todo lo que nunca será mío,
y agradecer absorto, enmudecido,
el vuelo de las aves y las horas.

IV. Ira

El demonio Amon induce a Antero Freire
a rendirse a la cólera

Que sí, que ya lo sé, que nada ha sido fácil,
que no debo olvidarme de tantas zancadillas,
de tantas asechanzas, de tantas mezquindades,
de tantos puñetazos en el plexo solar;
que he sembrado mis campos muy a pesar de muchos,
que he prosperado solo sin padrinos que valgan,
que he sorteado zanjas, que he vadeado charcos
repletos de serpientes de muy rara ponzoña;
que llego a este momento, por fin, acreditando
ser autor de un tratado completo y utilísimo
de coces encajadas y muchas cicatrices
de heridas aún abiertas después de tantos años.

Y por si fuera poco me dices que es momento
de cobrarme la madre de todas las venganzas,
que libere la bestia, que desate la rabia,
que me cisque en la madre de aquellos que me hirieron
y no pueda quedar títere con cabeza.

Pues has pinchado en hueso, qué quieres que te diga.
Ya ves que he decidido mudarme a este refugio
donde no vive nadie, donde no queda nada,
donde puedo templar la cólera, la bilis,
y todos los humores de la melancolía.
Donde puedo entender que no hay nada que venza
al golpe del olvido ni al puñal del perdón.

V. Lujuria

Convertido en una voluptuosa ninfa, el demonio Asmodeo asedia a Antero Freire con sus lúbricas insinuaciones

¿De dónde sales, daifa, *tentatio carnis fulgurans*?
¿Qué vergeles custodias en ese paraíso
ebúrneo de tu piel, tierra de promisión?
¿Qué naufragios me anuncias en esas playas vírgenes
(o no)? ¿Qué singladuras en piélagos airados?
¿Qué tesoros prometen las sendas montuosas
que recorren tu cuerpo, sus recónditas grutas?

¿Qué celada me tiendes, qué espejismo lascivo
como a Merlín Viviana, o como a don Quijote
la tierna Altisidora? ¿Qué cantos de sirena
entonas para mí, que ya no tengo un mástil
donde yo pueda asirme, que tú puedas asir?

Aparta, por piedad, esta dulce quimera
de mi carne vencida, de mis ojos cansados.
Tú a lo tuyo, ya sabes, goza este don tan breve;
collige, virgo, rosas; *carpe diem*; etcétera,
y olvídate de mí, y adiós, que corra el aire.

VI. Gula

El demonio Belcebú despliega ante Antero Freire
una mesa surtida y abundante

Tengo que agradecerte las molestias
que te has tomado para disponer
esta mesa repleta de manjares
que me empalagan ya sin que los pruebe.
Levanta los manteles, déjala
vacía, pues me hará mejor servicio
para dormir encima o apoyarme
cuando me da por escribir poemas.

Para poder comer en estos pagos
me bastan el llantén, la verdolaga,
la salvia y el tomillo, y en el cauce
de los arroyos límpidos el berro,
el diente de león, y si es agosto
las moras, o las bayas cuando crecen;
la leche de las vacas, hechas ya
a la caricia de mis manos ásperas;
el agua que me dan los manantiales
ocultos que tan solo yo conozco;
la miel silvestre que hay en los panales
que ya nadie mantiene, y algún día,
muy rara vez, quizás en el verano,
he compartido pan y charla amena
con algún caminante que buscaba
la soledad tranquila de este cerro.

Y muy de tarde en tarde, mi impericia
(mal cazador, trampero desahuciado)
me depara el regalo de una presa
inesperada: una torcaz, si acaso
alguna liebre despistada y torpe.

Reserva tu festín para las bocas
de aquellos que tan solo pueden ver
con el ojo sin luz con que descomen,
que yo quiero mirar, muy hacia adentro,
con la retina plácida del alma.

VII. Pereza

El demonio Belfegor insta a Antero Freire
a rendirse al abandono de toda actividad

Ahora quieres persuadirme de que ya está todo hecho,
de que me entregue al descanso, de que ceda a la indolencia,
de que espere muy tranquilo la llegada de ese día
en que ya solo seré pura nada entre el olvido,
y deje ya de bregar y me rinda a la molicie
y vea pasar las horas sin más, como todo pasa.

Me da, demonio, que tú no dominas los conceptos,
que no te ha lucido mucho la eternidad en el Tártaro
para aprender ciertas cosas que resultan evidentes.
Necio de ti si es que piensas que hacer nada es no hacer nada,
que la quietud y el sosiego nada sirven ni aprovechan,
que en el silencio y la calma nada cambia ni se mueve.

Mira que todo prosigue mientras nos conforta el sueño,
que el mundo sigue su curso, que no cesan las mareas,
que nacen, viven y mueren bestias, hombres y mujeres,
que los bosques no suspenden su danza en las estaciones,
que las galaxias se extienden hasta el fin del universo,
que si no hago nada a veces hay cosas que lo hacen todo
y que nada se detiene cuando todo se detiene.

Índice

Prólogo 7

AGENDA

Agenda I 21
Agenda II 23
Agenda III 24
Agenda IV 26
Agenda V 27
Agenda VI 28
Agenda VII 29
Agenda VIII 30
Agenda IX 31

TRATAMIENTO. RECETA. POSOLOGÍA

I can't breathe 35
Fénix y salamandra 36
Cuarteles de invierno 37
Tratamiento. Receta. Posología 38
Como a destiempo 39
Allá tú 40
Génesis 41
Caza 42
Sabiduría popular 43
A mis ojeras 44

INVENTARIO

Inventario I 47
Aquí 49
Primicia 51
Sed 53
Planto por un bote de mermelada 55
Sin báculo 56
Tres pájaros 57
Proclamación de la luz 62
Réplica 63
Memoria del viento 65
Inventario II 66
Últimas mañanas de agosto 68
Hora en plenitud 69
Dust in the wind 70
Mariposa en noviembre 71
Dos evocaciones junto a unas ruinas al borde del camino 72
Balance 74

LAS TENTACIONES DEL ERMITAÑO ANTERO FREIRE

I. Soberbia 79
II. Avaricia 81
III. Envidia 82
IV. Ira 83
V. Lujuria 84
VI. Gula 85
VII. Pereza 87

Esta obra
se acabó de imprimir
bajo los auspicios de
Charo Fierro y
Antonio J. Huerga, editores.

FINIS CORONAT OPUS